Handboek voor beginners

Leren programmeren met Java

Inhoudsopgave

Inleiding

Welkom bij Leren Programmeren met Java! Dit boek is speciaal geschreven voor absolute beginners die hun eerste stappen willen zetten in de wereld van programmeren. Of je nu een student bent, een professional die een carrière in softwareontwikkeling overweegt, of gewoon nieuwsgierig bent naar hoe programma's worden gemaakt—dit boek helpt je op weg.

Waarom Java?

Java is een van de meest populaire programmeertalen ter wereld. Het wordt gebruikt voor alles, van mobiele apps en webapplicaties tot complexe bedrijfssystemen en games. Java is krachtig, platformonafhankelijk (dankzij de "Write Once, Run Anywhere"-filosofie), en wordt veel gebruikt in het onderwijs en het bedrijfsleven.

Wat kun je verwachten?

Dit boek neemt je stap voor stap mee door de basisprincipes van Java. We beginnen bij het installeren van de benodigde software en leren daarna hoe je eenvoudige programma's schrijft. Vervolgens behandelen we belangrijke concepten zoals variabelen, loops, functies en objectgeoriënteerd programmeren (OOP).

Je leert niet alleen de syntax van Java, maar ook hoe je logisch leert denken als een programmeur. Elk hoofdstuk bevat duidelijke uitleg, praktische voorbeelden en oefeningen om je kennis toe te passen.

Voor wie is dit boek bedoeld?

Dit boek is bedoeld voor iedereen die geen of weinig ervaring heeft met programmeren. Er wordt geen voorkennis van programmeren of computerscience verondersteld—alles wordt vanaf de basis uitgelegd.

Hoe haal je het meeste uit dit boek?

- Voer de voorbeeldcodes uit en experimenteer ermee. Leren programmeren doe je door te doen!

- Maak de oefeningen aan het einde van elk hoofdstuk om je begrip te testen.

- Wees niet bang om fouten te maken. Fouten maken is een essentieel onderdeel van het leerproces.

Wat kun je na dit boek?

Aan het einde van dit boek heb je een stevige basis in Java en kun je zelfstandig eenvoudige programma's schrijven. Je zult begrijpen hoe software werkt en hoe je je eigen toepassingen kunt bouwen. Dit zal je een goede start geven als je verder wilt leren in softwareontwikkeling.

Laten we samen de wereld van Java ontdekken. **Veel succes en vooral veel plezier met programmeren!** 🚀

Deel 1: Fundamenten

Wat is programmeren?

In dit hoofdstuk duiken we in de wereld van programmeren. We leggen uit wat het is, waarom het handig is en we kijken kort naar verschillende programmeertalen. We zoomen ook in op Java en waarom dat een goede keuze is om mee te beginnen.

Programmeren: de taal van computers

Stel je voor: je wilt je computer iets laten doen. Een spelletje spelen, een document maken of een website bezoeken. Maar hoe "praat" je tegen die computer? Dat doe je door te programmeren. Programmeren is eigenlijk het schrijven van instructies die de computer stap voor stap uitvoert. Het is als een recept, maar dan voor computers.

Waarom zou je willen leren programmeren? Nou, het is niet alleen leuk en uitdagend, maar het opent ook deuren naar allerlei mogelijkheden. Je kunt je eigen apps maken, websites bouwen, robots besturen of zelfs bijdragen aan de ontwikkeling van games.

Verschillende talen, verschillende smaken

Net als mensen spreken computers verschillende talen. Deze talen noemen we programmeertalen. Elke taal heeft zijn eigen regels en is geschikt voor verschillende taken. Sommige talen zijn makkelijk te leren, andere zijn complexer.

Een paar bekende voorbeelden zijn:

- Python: Populair en makkelijk te lezen, perfect voor beginners.

- JavaScript: Onmisbaar voor het maken van interactieve websites.

- C++: Krachtig en snel, vaak gebruikt voor games en complexe software.

Java: jouw startpunt

Wij gaan ons in dit boek richten op Java. Waarom? Omdat Java een veelzijdige en populaire taal is. Het wordt gebruikt voor allerlei toepassingen, van mobiele apps tot grote bedrijfssystemen. Maar het belangrijkste voor jou als beginner: Java is goed te leren en er zijn veel bronnen beschikbaar om je te helpen.

Een groot voordeel van Java is dat het platformonafhankelijk is. Dat betekent dat je Java-programma's kunt schrijven die op verschillende besturingssystemen werken, zoals Windows, macOS en Linux. Handig toch?

Java-programmeertaal en haar geschiedenis

Java is een objectgeoriënteerde, platformonafhankelijke programmeertaal die in 1995 werd uitgebracht door Sun Microsystems, dat later werd overgenomen door Oracle. De taal werd ontworpen door James Gosling en zijn team met als doel een eenvoudige, robuuste en veilige programmeertaal te creëren die breed inzetbaar zou zijn, van desktop-applicaties tot serversystemen en later mobiele apparaten. Een van de kernprincipes van Java is het concept *Write Once, Run Anywhere* (WORA), wat betekent dat een Java-programma op elk platform kan draaien zonder te worden aangepast, zolang het platform een Java Virtual Machine (JVM) ondersteunt.

Java werd oorspronkelijk ontwikkeld als een taal voor interactieve televisie en heette aanvankelijk Oak. De naam werd later gewijzigd naar Java, geïnspireerd door de koffiecultuur van de ontwikkelaars. De eerste versie, Java 1.0, introduceerde belangrijke concepten zoals automatische geheugenbeheer (*garbage collection*), een rijke standaardbibliotheek en een sterke nadruk op beveiliging door middel van sandboxing. Dit maakte Java al snel populair voor het ontwikkelen van webapplicaties, met name door de opkomst van Java Applets, hoewel deze later werden vervangen door modernere webtechnologieën.

In de daaropvolgende jaren evolueerde Java verder met verschillende versies en uitbreidingen. Met Java 2 werd het Java-platform opgedeeld in drie edities: Java Standard Edition (Java SE) voor algemene applicatieontwikkeling, Java Enterprise Edition (Java EE) voor grootschalige bedrijfsapplicaties en Java Micro Edition (Java ME) voor mobiele en embedded systemen. De taal kreeg steeds nieuwe functies zoals *generics*, *lambdas* en verbeterde *concurrency*-ondersteuning, wat Java geschikt maakte voor moderne softwareontwikkeling.

Tegenwoordig wordt Java nog steeds breed ingezet, vooral in enterprise-applicaties, Android-ontwikkeling (via de Android SDK), cloud computing en big data-toepassingen. Met de overstap naar een sneller release-schema, waarbij elke zes maanden een nieuwe versie verschijnt, blijft Java zich continu vernieuwen. De taal blijft relevant door verbeteringen in prestaties, beveiliging en ontwikkelgemak, waardoor Java nog steeds een van de meest populaire programmeertalen ter wereld is.

Samenvatting

In dit hoofdstuk heb je geleerd wat programmeren is en waarom het nuttig is. Je hebt kennisgemaakt met verschillende programmeertalen en we hebben uitgelegd waarom Java een goede keuze is om mee te beginnen. Je bent nu klaar voor de volgende stap: het installeren van de tools die je nodig hebt om je eerste Java-programma te schrijven!

De gereedschapskist van de programmeur

In dit hoofdstuk gaan we de basisgereedschappen installeren die je nodig hebt om met Java te programmeren. We beginnen met het installeren van de Java Development Kit (JDK), die je nodig hebt om Java-code te schrijven en uit te voeren. Daarna leer je hoe je de terminal/command prompt gebruikt om je code te compileren en uit te voeren. Vervolgens introduceren we een eenvoudige teksteditor waarin je je code kunt schrijven. Ten slotte schrijven we ons eerste "Hallo, Wereld!" programma en laten we zien hoe je dit kunt compileren en uitvoeren.

De Java Development Kit (JDK) installeren

De JDK is een verzameling tools die je nodig hebt om Java-applicaties te ontwikkelen. Je kunt de JDK gratis downloaden van de website van Oracle. Zorg ervoor dat je de juiste versie voor jouw besturingssysteem (Windows, macOS of Linux) downloadt. Na het downloaden kun je de JDK installeren door de instructies op het scherm te volgen.

https://www.oracle.com/java/technologies/downloads/

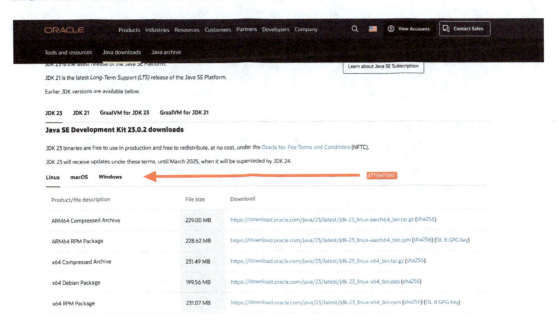

Let op! Zorg ervoor dat je de juiste versie voor jouw besturingssysteem (Windows, macOS of Linux) downloadt. Voor download en installatie gids (in het Engels) ga naar: *https://docs.oracle.com/en/java/javase/23/install/overview-jdk-installation.html*

De terminal/command prompt

De terminal (op macOS en Linux) of command prompt (op Windows) is een tekstgebaseerde interface waarmee je met je computer kunt communiceren. Je kunt het gebruiken om bestanden te beheren, programma's uit te voeren en nog veel meer. Voor het programmeren in Java gebruiken we de terminal om onze code te compileren en uit te voeren.

Om de terminal te openen op macOS, ga je naar Finder > Programma's > Hulpprogramma's > Terminal. Op Linux kun je de terminal meestal openen via het menu Toepassingen of door op Ctrl+Alt+T te drukken. Op Windows kun je de command prompt openen door op de Windows-knop te klikken, "cmd" te typen en op Enter te drukken.

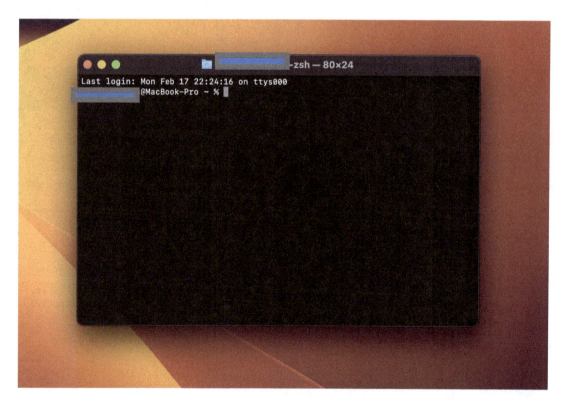

Eenmaal geopend, kun je de terminal gebruiken om naar verschillende mappen op je computer te navigeren. De belangrijkste commando's hiervoor zijn cd (change directory) en ls (list). Met cd kun je naar een andere map gaan, bijvoorbeeld cd mijn_projecten. Met ls kun je de inhoud van de huidige map bekijken.

Een teksteditor kiezen

Een teksteditor is een programma waarmee je tekstbestanden kunt maken en bewerken. Voor het schrijven van Java-code kun je een eenvoudige teksteditor gebruiken, zoals Notepad++ (Windows) of Sublime Text (Windows, macOS, Linux). Deze editors hebben handige functies, zoals syntax highlighting, waardoor je code gemakkelijker te lezen is.

Het "Hallo, Wereld!" programma

Nu is het tijd om ons eerste Java-programma te schrijven! Er zijn verschillende geschikte teksteditors en geïntegreerde ontwikkelomgevingen (IDEs) voor Java, afhankelijk van je behoeften en ervaringsniveau. Voor beginners is Visual Studio Code een prima optie. **Visual Studio Code (VS Code kun je downloaden via https://code.visualstudio.com/download)** ondersteunt Java via extensies zoals de *Java Extension Pack* en biedt ingebouwde Git-ondersteuning. Voor grotere projecten en professionele ontwikkeling zijn IDEs een betere keuze, zoals Eclipse (https://www.eclipse.org/downloads/). Eclipse is een krachtige, open-source IDE die populair is in bedrijven en ondersteuning biedt voor plug-ins en grote projecten. Open je teksteditor en typ de volgende code:

```java
public class HelloWorld {

    public static void main(String[] args) {

        System.out.println("Hallo, Wereld!");

    }

}
```

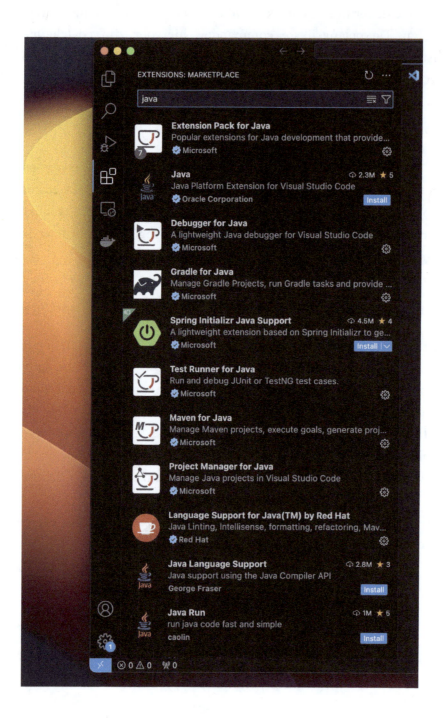

In je VS Code editor zorg ervoor dat je via de settings knop de extensies bereikt, en de Extension Pack voor Java installeert. Vervolgens sla dit bestand op als

HelloWorld.java. Zorg ervoor dat de bestandsnaam exact overeenkomt met de naam van de klasse (in dit geval HelloWorld).

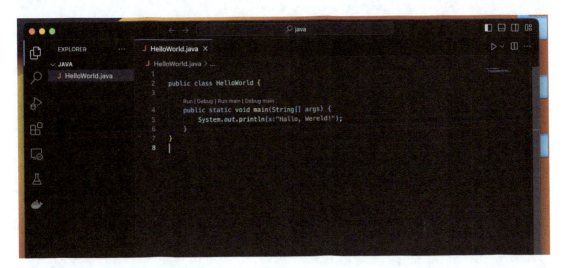

Om dit programma uit te voeren, open je de terminal en navigeer je naar de map waarin je het bestand hebt opgeslagen. Typ vervolgens de volgende commando's:

Terminal:

```
javac HelloWorld.java
```

```
java HelloWorld
```

Het eerste commando (javac) compileert de Java-code naar bytecode, een soort instructies die de Java Virtual Machine (JVM) kan begrijpen. Het tweede commando (java) voert de bytecode uit, waardoor het bericht "Hallo, Wereld!" op het scherm wordt weergegeven. (*Zie volgende voorbeeld*)

Samenvatting

In dit hoofdstuk heb je geleerd hoe je de JDK installeert, de terminal gebruikt, een teksteditor kiest en je eerste Java-programma schrijft en uitvoert. Deze tools zijn de basis voor het programmeren in Java. In de volgende hoofdstukken gaan we dieper in op de basisconcepten van Java en leer je hoe je complexere programma's kunt schrijven.

Basisconcepten van Java

In dit hoofdstuk duiken we dieper in de basis van Java. We gaan het hebben over variabelen (wat ze zijn en welke soorten er zijn), operatoren (hoe we dingen met variabelen kunnen doen) en controlestructuren (hoe we de computer kunnen vertellen welke stappen hij moet nemen).

Variabelen: de opslagplaatsen van je programma

Stel je voor dat je een doos hebt waar je dingen in kunt bewaren. In de programmeer wereld noemen we zo'n doos een variabele. Een variabele heeft een naam (zodat je weet welke doos je moet pakken) en een type (wat voor soort spullen je erin kunt bewaren).

Verschillende soorten dozen

Net als dat je verschillende soorten dozen hebt (groot, klein, voor kleding, voor boeken), heb je in Java ook verschillende soorten variabelen. We noemen dit datatypes. Een paar veelvoorkomende zijn:

- int: Dit is voor hele getallen (zoals 1, 2, 100).

- String: Dit is voor tekst (zoals "Hallo", "Java", "Mijn naam is Piet").

- boolean: Dit is voor waar of onwaar (true of false).

Hoe gebruik je variabelen?

In Java moeten variabelen een geldige naam hebben die voldoet aan specifieke regels en conventies. Een variabelenaam mag alleen letters (A-Z, a-z), cijfers (0-9), het underscore-teken (_) en het dollarteken ($) bevatten, maar mag niet beginnen met een cijfer. Het gebruik van speciale tekens en spaties is niet toegestaan. Hoewel Java niet strikt hoofdlettergevoelig is bij het benoemen van variabelen, wordt conventioneel de camelCase-notatie gebruikt, waarbij de eerste letter klein is en elke volgende woorden met een hoofdletter beginnen, zoals `mijnVariabele`. Daarnaast mogen variabelen geen gereserveerde sleutelwoorden van Java, zoals `int`, `class` of `static`, als naam hebben. Het is ook aanbevolen om betekenisvolle namen te kiezen die de functie van de variabele duidelijk maken, wat bijdraagt aan de leesbaarheid en onderhoudbaarheid van de code.

Je kunt een variabele aanmaken door de naam en het type te noemen, bijvoorbeeld:

Java:

```
int leeftijd; // Een variabele voor een getal (leeftijd)

String naam; // Een variabele voor tekst (naam)

boolean isStudent; // Een variabele voor waar of niet waar
(isStudent)
```

Daarna kun je er iets in stoppen:

Java:

```
leeftijd = 25;

naam = "Jan";

isStudent = true;
```

Operatoren: wat kun je met variabelen doen?

Nu je variabelen hebt, wil je er natuurlijk iets mee kunnen doen. Daarvoor gebruiken we operatoren. Operatoren zijn speciale tekens die aangeven welke actie je wilt uitvoeren.

Rekenkundige operatoren

Deze gebruik je voor rekenen:

- +: Optellen

- -: Aftrekken

- *: Vermenigvuldigen

- /: Delen

- %: Rest (wat overblijft na delen)

Vergelijkingsoperatoren

Deze gebruik je om dingen te vergelijken:

- ==: Gelijk aan

- !=: Niet gelijk aan

- >: Groter dan

- <: Kleiner dan

- >=: Groter dan of gelijk aan

- <=: Kleiner dan of gelijk aan

Logische operatoren

Deze gebruik je om waar of onwaar te combineren:

- &&: En (allebei moet waar zijn)

- ||: Of (minstens één moet waar zijn)

- !: Niet (maakt waar onwaar en onwaar waar)

Controlestructuren: de baas over je programma

Soms wil je dat je programma slimme dingen doet. Bijvoorbeeld: "Als de leeftijd ouder is dan 18, dan mag je stemmen." Of: "Herhaal dit 10 keer." Daarvoor gebruiken we controlestructuren. Controlestructuren in Java bepalen de stroom van uitvoering binnen een programma en omvatten conditionele statements, loops en switch-statements. Conditionele statements zoals `if`, `else if` en `else` stellen een programma in staat om beslissingen te nemen op basis van booleaanse expressies. De `switch`-constructie biedt een efficiëntere manier om meerdere mogelijke waarden te evalueren, waarbij elk `case`-blok een specifieke waarde afhandelt. Loops, zoals `for`, `while` en `do-while`, zorgen voor herhaling van codeblokken zolang een bepaalde conditie waar is. De `for`-loop is handig voor iteraties met een bekende teller, terwijl `while` en `do-while` geschikt zijn voor situaties waarin een onbekend aantal herhalingen nodig is. Daarnaast maken de `break`- en `continue`-statements het mogelijk om de uitvoeringsstroom binnen een lus te beïnvloeden, bijvoorbeeld door een loop vroegtijdig te beëindigen of een iteratie over te slaan. Samen vormen deze controlestructuren de kern van de logische flow in Java-programma's en stellen ze ontwikkelaars in staat om efficiënte en flexibele code te schrijven.

if-statements: als dit, dan dat

Een if-statement gebruik je om te zeggen: "Als dit waar is, doe dan dat."

Java:

```java
if (leeftijd > 18) {

  System.out.println("Je mag stemmen!");

}
```

for- en while-loops: herhalen, herhalen, herhalen

Een for-loop gebruik je als je iets een aantal keer wilt herhalen. Een while-loop gebruik je als je iets wilt herhalen zolang iets waar is.

Java:

```java
// for-loop: 10 keer iets doen

for (int i = 0; i < 10; i++) {

  System.out.println("Hallo!");

}

// while-loop: iets doen zolang de leeftijd onder de 100 is
```

```java
while (leeftijd < 100) {

    leeftijd++; // Leeftijd wordt elke keer 1 hoger

}
```

Switch statement

In Java is de switch-statement een controleconstructie die wordt gebruikt om één waarde te vergelijken met meerdere mogelijke gevallen (case). Het biedt een gestructureerde manier om beslissingen te nemen op basis van de waarde van een variabele, waardoor het vaak een efficiënter alternatief is voor meerdere if-else statements.

Java:

```java
switch (variabele) {

    case waarde1:

        // Code als variabele gelijk is aan waarde1

        break;

    case waarde2:

        // Code als variabele gelijk is aan waarde2

        break;

    case waarde3:

        // Code als variabele gelijk is aan waarde3

        break;

    default:

        // Code als geen van de bovenstaande cases overeenkomt

}
```

Belangrijke kenmerken van switch:

1. **De variabele in switch**

   De switch werkt met byte, short, char, int, String, enum en wrapper-klassen zoals Integer en Character (sinds Java 7).

2. **case-blokken**

   Elke case controleert of de waarde van de switch-variabele overeenkomt met een specifieke waarde.

3. **Het break-statement**

   Zonder break gaat de uitvoering door naar het volgende case-blok, wat bekend staat als "fall-through". Dit is vaak ongewenst, tenzij het expliciet wordt gebruikt.

4. **De default-case**

   Dit wordt uitgevoerd als geen enkele case overeenkomt. Het is optioneel maar aanbevolen.

Voorbeeld: Gebruik van switch met een String.

Java:

```java
public class SwitchExample {

    public static void main(String[] args) {

        String dag = "maandag";


        switch (dag) {

            case "maandag":

                System.out.println("Begin van de week!");
```

```
            break;

        case "vrijdag":

            System.out.println("Bijna weekend!");

            break;

        case "zaterdag":

        case "zondag":

            System.out.println("Weekend!");

            break;

        default:

            System.out.println("Een normale werkdag.");

        }

    }

}
```

Uitvoer:

Begin van de week!

Hier worden case "zaterdag": en case "zondag": gecombineerd zonder een break, zodat beide waarden dezelfde uitvoer hebben.

Wanneer gebruik je switch in plaats van if-else?

- Wanneer je één variabele met meerdere vaste waarden vergelijkt.

- Als je veel if-else statements hebt, omdat switch leesbaarder en efficiënter kan zijn.

- Wanneer je werkt met waarden zoals int, char, of String.

In andere gevallen, zoals het vergelijken van bereiken (x > 10 of y < 5), is een if-else constructie beter geschikt.

Samenvatting

In dit hoofdstuk hebben we de basis gelegd voor het werken met Java. We hebben geleerd wat variabelen zijn (en welke soorten er zijn), hoe we operatoren gebruiken om dingen met variabelen te doen en hoe controlestructuren ons helpen om de computer te vertellen welke stappen hij moet nemen. Dit is de basis, en met deze kennis kun je al een heleboel leuke dingen doen!

Deel 2: Objectgeoriënteerd Programmeren (OOP)

De basis van OOP

In dit hoofdstuk duiken we in de kern van wat Java zo krachtig maakt: Objectgeoriënteerd Programmeren, of OOP. We leren wat klassen en objecten zijn, hoe we eigenschappen en acties aan objecten geven, en hoe we onze data kunnen beschermen.

Klassen en objecten: de blauwdruk en het resultaat

In Java is objectgeoriënteerd programmeren (OOP) een manier van programmeren waarbij je software ontwerpt met objecten die samenwerken. Een object is een stukje code dat eigenschappen (data) en acties (methoden) combineert. Dit lijkt op hoe dingen in de echte wereld werken. Denk bijvoorbeeld aan een auto als object: het heeft eigenschappen zoals kleur, merk en snelheid, en acties zoals rijden, remmen en toeteren.

Een object wordt gemaakt op basis van een klasse. Een klasse is als een blauwdruk of sjabloon waarmee objecten worden gebouwd. Bijvoorbeeld, als je een klasse Auto maakt met eigenschappen zoals kleur en snelheid, dan kun je daar meerdere auto-objecten van maken met verschillende kleuren en snelheden. Dit helpt bij het organiseren en hergebruiken van code.

Een belangrijk principe van OOP is encapsulatie. Dit betekent dat de interne werking van een object verborgen blijft en alleen bepaalde methoden toegang geven tot de gegevens. Bijvoorbeeld, een auto-object heeft een gaspedaal om te versnellen, maar je hoeft niet precies te weten hoe de motor werkt om het te gebruiken. Dit maakt code veiliger en overzichtelijker.

Een ander principe is erfelijkheid (inheritance). Dit betekent dat een klasse eigenschappen en methoden kan overnemen van een andere klasse. Bijvoorbeeld, als je een klasse Voertuig hebt met algemene eigenschappen zoals snelheid, kan een klasse Auto deze overnemen en uitbreiden met specifieke eigenschappen zoals het aantal deuren. Dit voorkomt dat je dezelfde code steeds opnieuw moet schrijven.

Daarnaast is er polymorfisme, wat betekent dat verschillende objecten op een vergelijkbare manier kunnen worden gebruikt, maar toch uniek gedrag kunnen hebben. Bijvoorbeeld, als je een methode maakGeluid() hebt in de klasse Dier, kan een object van Hond "blaft" retourneren en een object van Kat "miauwt". Dit maakt de code flexibel en uitbreidbaar.

Door OOP te gebruiken in Java wordt code beter gestructureerd, gemakkelijker te onderhouden en herbruikbaar. Dit helpt bij het bouwen van grotere softwareprojecten op een efficiënte en overzichtelijke manier.

Hoe maak je een klasse in Java?

Een klasse in Java is een sjabloon voor het maken van objecten. Het bevat attributen (eigenschappen) en methoden (acties) die het gedrag van objecten bepalen.

De algemene structuur van een klasse in Java ziet er als volgt uit:

Java:

```
// Definieer een klasse

class ClassNaam {

    // Attributen (eigenschappen)

    datatype variabeleNaam;



    // Constructor (optioneel, wordt gebruikt om objecten te
initialiseren)

    ClassNaam() {

        // Code om het object te initialiseren

    }



    // Methode (acties)

    void methodeNaam() {
```

```
        // Code die wordt uitgevoerd bij het aanroepen van
deze methode

    }

}
```

Bekijk een voorbeeld, hier maken we een klasse Auto met eigenschappen en methoden.

Java:

```java
// Definitie van de klasse Auto

class Auto {

    // Attributen (eigenschappen)

    String merk;

    String kleur;

    int snelheid;


    // Constructor (wordt gebruikt om objecten te maken)

    Auto(String m, String k, int s) {

        merk = m;

        kleur = k;

        snelheid = s;

    }


    // Methode om de auto te laten rijden
```

```java
    void rijden() {

        System.out.println(merk + " rijdt met " + snelheid + "
km/u.");

    }


    // Methode om te stoppen

    void stoppen() {

        System.out.println(merk + " stopt.");

    }

}


// Main-klasse om het programma uit te voeren

public class Main {

    public static void main(String[] args) {

        // Maak een object van de klasse Auto

        Auto mijnAuto = new Auto("Toyota", "Rood", 120);


        // Gebruik de methoden van het object

         mijnAuto.rijden();   // Output: Toyota rijdt met 120
km/u.

        mijnAuto.stoppen(); // Output: Toyota stopt.

    }
```

}

Uitleg van de Syntax:

1. class Auto { ... } → Dit definieert een klasse genaamd Auto.

2. Attributen (String merk; int snelheid;) → Dit zijn variabelen die de eigenschappen van een object opslaan.

3. Constructor (Auto(String m, String k, int s) { ... })

   ○ Wordt automatisch aangeroepen wanneer een nieuw object wordt gemaakt.

   ○ Stelt de waarden van de attributen in.

4. Methoden (void rijden() en void stoppen()) → Dit zijn acties die de auto kan uitvoeren. Je leest meer over de methoden in de volgende pagina's.

5. Object maken (Auto mijnAuto = new Auto("Toyota", "Rood", 120);)

   ○ Met new wordt een nieuw Auto-object aangemaakt met de waarden:

      ■ Merk: Toyota

      ■ Kleur: Rood

      ■ Snelheid: 120 km/u

6. Methoden aanroepen (mijnAuto.rijden();)

   ○ De methoden rijden() en stoppen() worden uitgevoerd.

Attributen en methoden: eigenschappen en acties

In Java zijn attributen en methoden de bouwstenen van een object. Ze vertegenwoordigen respectievelijk de eigenschappen (data) en acties (gedrag) van een object. Attributen zijn variabelen die in een klasse worden gedefinieerd en de kenmerken van een object beschrijven. Denk bijvoorbeeld aan een Auto-object: het kan eigenschappen hebben zoals kleur, merk en snelheid. In Java worden attributen meestal als instanties van variabelen binnen een klasse gedefinieerd.

Voorbeeld van attributen in een klasse:

Java:

```java
public class Auto {

    String kleur;    // Eigenschap: kleur van de auto

    String merk;     // Eigenschap: merk van de auto

    int snelheid;    // Eigenschap: snelheid van de auto

}
```

Hier zijn kleur, merk en snelheid de attributen van een Auto-object.

Methoden: Acties die een Object kan uitvoeren

Methoden zijn functies binnen een klasse die de acties of het gedrag van een object definiëren. Ze kunnen waarden teruggeven of bepaalde handelingen uitvoeren. Bijvoorbeeld, een auto kan rijden, remmen of toeteren. Methoden helpen om interactie met een object mogelijk te maken.

Voorbeeld van methoden in een klasse:

Java:

```java
public class Auto {

    String kleur;

    String merk;

    int snelheid;


    // Methode om de auto te laten rijden
```

```java
    void rijden() {

        System.out.println("De auto rijdt.");

    }


    // Methode om de auto te laten stoppen

    void remmen() {

        System.out.println("De auto stopt.");

    }

}
```

Hier voeren de methoden rijden() en remmen() acties uit op het Auto-object.

Het Gebruiken van Attributen en Methoden

Een object wordt gemaakt met behulp van de new-operator en kan vervolgens zijn attributen en methoden gebruiken.

Voorbeeld van object gebruik:

Java:

```java
public class Main {

    public static void main(String[] args) {

        Auto mijnAuto = new Auto();   // Maak een object van
Auto

        mijnAuto.kleur = "Rood";       // Wijs een waarde toe
aan het attribuut

        mijnAuto.merk = "Toyota";
```

```
        mijnAuto.snelheid = 120;


                System.out.println("Mijn   auto   is   een   "   +
mijnAuto.kleur + " " + mijnAuto.merk);

        mijnAuto.rijden();   // Roep de methode rijden() aan

        mijnAuto.remmen();   // Roep de methode remmen() aan

    }

}
```

Uitvoer:

Mijn auto is een Rood Toyota

De auto rijdt.

De auto stopt.

Hier wordt een object van Auto gemaakt, attributen worden ingesteld en methoden worden aangeroepen.

Encapsulatie van Attributen

Om data te beschermen en beter te beheren, worden attributen vaak private gemaakt en toegankelijk via getter- en setter-methoden.

Voorbeeld met encapsulatie:

Java:

```
public class Auto {

    private String kleur;   // Private attribuut
```

```java
    // Setter-methode om de kleur in te stellen

    public void setKleur(String nieuweKleur) {

        this.kleur = nieuweKleur;

    }


    // Getter-methode om de kleur op te vragen

    public String getKleur() {

        return kleur;

    }

}
```

Hier kunnen we de kleur alleen instellen via setKleur() en ophalen via getKleur(), wat veiliger is.

Encapsulatie is een belangrijk concept in OOP. Het betekent dat we de data van een object (de attributen) kunnen beschermen tegen ongewenste toegang van buitenaf. We "verpakken" de data in het object en bepalen via methoden hoe de data veranderd of opgevraagd kan worden.

Waarom is dit belangrijk? Stel je voor dat iedereen zomaar de snelheid van een auto zou kunnen veranderen. Dat zou gevaarlijk zijn! Encapsulatie zorgt ervoor dat alleen de auto zelf (via de methoden) de snelheid kan aanpassen, en alleen op een gecontroleerde manier.

Samenvatting

In dit hoofdstuk hebben we de basis gelegd voor Objectgeoriënteerd Programmeren. We hebben geleerd:

- Wat klassen en objecten zijn (blauwdruk en instantie).

- Wat attributen en methoden zijn (eigenschappen en acties).

- Waarom encapsulatie belangrijk is (data beschermen).

Deze concepten zijn cruciaal voor het schrijven van goede Java-programma's. In de volgende hoofdstukken gaan we dieper in op hoe we klassen en objecten kunnen maken en gebruiken.

Meer over OOP

In dit hoofdstuk gaan we dieper in op een paar belangrijke concepten van objectgeoriënteerd programmeren (OOP). We hebben het al gehad over klassen en objecten, maar er is nog veel meer te ontdekken! We gaan kijken naar "overerving", "polymorfisme" en "abstractie". Deze concepten maken je code krachtiger en makkelijker te organiseren.

Overerving: "Is een" relaties

Overerving (inheritance) is een belangrijk concept in objectgeoriënteerd programmeren (OOP) waarmee een klasse de eigenschappen en methoden van een andere klasse kan overnemen. Dit helpt om code te hergebruiken en structuur aan te brengen in een programma. Bij overerving maak je een subklasse (child class) die de eigenschappen en methoden van een superklasse (parent class) erft. Hierdoor hoef je veelgebruikte code niet opnieuw te schrijven en kunnen objecten op een logische manier worden georganiseerd.

Bijvoorbeeld, stel dat je een klasse Dier hebt met algemene eigenschappen zoals naam en leeftijd. Een specifieke klasse zoals Hond kan deze eigenschappen erven en uitbreiden met extra functies zoals blaffen().

Hoe werkt Overerving in Java?

Overerving wordt in Java aangegeven met het sleutelwoord extends. Een subklasse erft automatisch alle public en protected attributen en methoden van de superklasse.

Voorbeeld van overerving:

Java:

```java
// Superklasse (Parent)
class Dier {
    String naam;
```

```java
    void eten() {

        System.out.println(naam + " is aan het eten.");

    }

}


// Subklasse (Child)

class Hond extends Dier {

    void blaffen() {

        System.out.println(naam + " blaft!");

    }

}


// Gebruik van overerving

public class Main {

    public static void main(String[] args) {

        Hond mijnHond = new Hond();

        mijnHond.naam = "Bobby"; // Naam instellen (geërfd van
Dier)

        mijnHond.eten();          // Methode uit Dier aanroepen

        mijnHond.blaffen();       // Methode uit Hond aanroepen

    }

}
```

Uitvoer:

Bobby is aan het eten.

Bobby blaft!

Hier erft Hond de eten()-methode van Dier, maar voegt ook de eigen methode blaffen() toe.

Superklasse en Subklasse

Superklasse (**Parent Class**) is de klasse waarvan wordt geërfd. **Subklasse** (**Child Class**) is de klasse die de eigenschappen en methoden van de superklasse overneemt en kan uitbreiden. De super-keyword wordt gebruikt om de constructor of methoden van de superklasse aan te roepen.

Voorbeeld met super:

Java:

```
class Dier {

    String naam;


    Dier(String naam) {

        this.naam = naam;

    }


    void maakGeluid() {

        System.out.println("Een dier maakt een geluid.");

    }

}
```

```java
class Kat extends Dier {

    Kat(String naam) {

        super(naam); // Aanroep van de constructor van Dier

    }


    void maakGeluid() {

        super.maakGeluid(); // Oproepen van de methode uit de
superklasse

        System.out.println(naam + " miauwt!");

    }

}


public class Main {

    public static void main(String[] args) {

        Kat mijnKat = new Kat("Whiskers");

        mijnKat.maakGeluid();

    }

}
```

Uitvoer:

Een dier maakt een geluid.

Whiskers miauwt!

Hier roept super.maakGeluid() eerst de methode van Dier aan voordat miauwt! wordt toegevoegd.

Toegangsmodificatoren en Overerving

Bij overerving spelen toegangsmodificatoren een rol:

- public attributen en methoden zijn overal toegankelijk.

- protected attributen en methoden zijn toegankelijk in de subklasse.

- private attributen zijn niet toegankelijk in de subklasse, maar kunnen via getter- en setter-methoden worden gebruikt.

Overerving en Methode-Overschrijving (@Override)

Subklassen kunnen methoden van de superklasse overschrijven om specifiek gedrag te implementeren.

Voorbeeld van methode-overschrijving:

Java:

```java
class Dier {

    void maakGeluid() {

        System.out.println("Een dier maakt een geluid.");

    }

}


class Hond extends Dier {

    @Override

    void maakGeluid() {

        System.out.println("De hond blaft!");
```

```
        }

    }


public class Main {

    public static void main(String[] args) {

        Dier mijnDier = new Hond();

            mijnDier.maakGeluid(); // Roept de overschreven
methode in Hond aan

        }

    }
```

Uitvoer:

De hond blaft!

Hier zorgt @Override ervoor dat de maakGeluid()-methode van Hond in plaats van die van Dier wordt gebruikt.

Polymorfisme: Verschillende vormen, zelfde behandeling

"Polymorfisme" is een moeilijk woord, maar het idee is eigenlijk best simpel. Het betekent dat iets verschillende vormen kan hebben, maar op dezelfde manier behandeld kan worden.

Neem bijvoorbeeld de klasse "Dier" weer. Je hebt verschillende soorten dieren, zoals "Hond", "Kat" en "Vogel". Ze hebben allemaal de actie "geluid maken". Maar een hond blaft, een kat miauwt en een vogel zingt.

Met polymorfisme kun je een stuk code schrijven dat zegt: "Maak een geluid". En dan kan het programma zelf bepalen welk geluid er gemaakt moet worden, afhankelijk van wat voor dier het is. Dus als het een hond is, blaft hij. Is het een kat, dan miauwt ze.

Dit is handig omdat je code flexibeler wordt. Je kunt makkelijk nieuwe soorten dieren toevoegen zonder dat je de code hoeft aan te passen die het geluid maakt.

Polymorfisme is een belangrijk concept in objectgeoriënteerd programmeren (OOP) waarmee objecten van verschillende klassen op een uniforme manier kunnen worden behandeld. Het betekent letterlijk "veelvormigheid" en zorgt ervoor dat dezelfde methode of actie zich verschillend kan gedragen, afhankelijk van het object dat het gebruikt.

Polymorfisme maakt code flexibeler, leesbaarder en herbruikbaarder, omdat je één algemene interface kunt gebruiken voor verschillende objecten.

Twee Soorten Polymorfisme in Java

Compile-time Polymorfisme (Method Overloading)

Dit gebeurt wanneer een klasse meerdere methoden met dezelfde naam heeft, maar met verschillende parameters (aantal of type). De juiste methode wordt gekozen tijdens het compileren.

Voorbeeld van Method Overloading:

Java:

```java
class Rekenmachine {

    // Methode met twee parameters

    int optellen(int a, int b) {

        return a + b;

    }
```

```
    // Methode met drie parameters (overloading)

    int optellen(int a, int b, int c) {

        return a + b + c;

    }

}


public class Main {

    public static void main(String[] args) {

        Rekenmachine rek = new Rekenmachine();

        System.out.println(rek.optellen(5, 10));          //
Output: 15

        System.out.println(rek.optellen(5, 10, 20));     //
Output: 35

    }

}
```

Hier heeft de methode optellen() twee versies (overloaded), en Java kiest automatisch de juiste versie op basis van de argumenten.

Runtime Polymorfisme (Method Overriding)

Bij methode-overschrijving (method overriding) wordt een methode uit de superklasse herschreven in de subklasse om aangepast gedrag te bieden. Dit gebeurt tijdens runtime.

Voorbeeld van Method Overriding:

Java:

```java
class Dier {

    void maakGeluid() {

        System.out.println("Een dier maakt een geluid.");

    }

}


class Hond extends Dier {

    @Override

    void maakGeluid() {

        System.out.println("De hond blaft!");

    }

}


class Kat extends Dier {

    @Override

    void maakGeluid() {

        System.out.println("De kat miauwt!");

    }

}


public class Main {

    public static void main(String[] args) {
```

```
        Dier mijnDier1 = new Hond();  // Polymorfisme: een
Hond als Dier gebruiken

        Dier mijnDier2 = new Kat();   // Polymorfisme: een Kat
als Dier gebruiken


    mijnDier1.maakGeluid(); // Output: De hond blaft!

    mijnDier2.maakGeluid(); // Output: De kat miauwt!

    }

}
```

Hier wordt maakGeluid() overschreven in de subklassen Hond en Kat. Omdat mijnDier1 en mijnDier2 van type Dier zijn maar verwijzen naar een subklasse (Hond of Kat), wordt de juiste methode bepaald tijdens runtime.

Waarom Polymorfisme Gebruiken?

Met polymorfisme kun je één methode oproepen op verschillende objecten en ze laten reageren op basis van hun eigen implementatie. Code blijft schoon en eenvoudig uitbreidbaar zonder dat je telkens `if-else` statements hoeft te gebruiken. Door polymorfisme hoef je minder code te dupliceren en kun je op een abstract niveau werken.

Voorbeeld met een Abstracte Klasse

Polymorfisme wordt vaak gebruikt in combinatie met abstracte klassen en interfaces.

Voorbeeld met een abstracte klasse:

Java:

```
abstract class Dier {
```

```java
    abstract void maakGeluid();   // Abstracte methode zonder
implementatie

}


class Hond extends Dier {

    @Override

    void maakGeluid() {

        System.out.println("De hond blaft!");

    }

}


class Kat extends Dier {

    @Override

    void maakGeluid() {

        System.out.println("De kat miauwt!");

    }

}


public class Main {

    public static void main(String[] args) {

        Dier dier1 = new Hond();

        Dier dier2 = new Kat();
```

```
    dier1.maakGeluid(); // Output: De hond blaft!

    dier2.maakGeluid(); // Output: De kat miauwt!

    }

}
```

Hier zorgt polymorfisme ervoor dat we maakGeluid() kunnen aanroepen op Dier, zonder te weten of het een Hond of een Kat is.

Abstractie: Details verbergen

"Abstractie" is het idee dat je complexe details verbergt en alleen de belangrijkste dingen laat zien.

Neem bijvoorbeeld een auto. Je weet hoe je moet autorijden: je draait aan het stuur, je geeft gas en je remt. Maar je hoeft niet te weten hoe de motor precies werkt, of hoe de versnellingen in elkaar zitten. Die details zijn verborgen.

In de OOP kun je ook details verbergen. Je kunt bijvoorbeeld een klasse "Auto" maken met acties zoals "rijden" en "stoppen". Maar hoe de auto precies rijdt (welke onderdelen er allemaal voor nodig zijn), dat hoef je niet te weten als je de klasse gebruikt.

Dit is handig omdat je de code makkelijker kunt gebruiken en begrijpen. Je hoeft niet alles te weten over de ingewikkelde details.

Abstracte Klassen

Een abstracte klasse is een klasse die niet direct geïnstantieerd kan worden en minimaal één abstracte methode bevat. Een abstracte methode heeft geen implementatie en moet worden overschreven door subklassen.

Voorbeeld van een abstracte klasse:

Java:

```java
// Abstracte klasse
abstract class Dier {
    String naam;

    // Constructor
    Dier(String naam) {
        this.naam = naam;
    }

    // Abstracte methode (moet worden overschreven)
    abstract void maakGeluid();

    // Gewone methode (kan direct worden gebruikt)
    void eet() {
        System.out.println(naam + " is aan het eten.");
    }
}

// Subklasse Hond die de abstracte methode implementeert
class Hond extends Dier {
    Hond(String naam) {
        super(naam);
    }
```

```java
    @Override

    void maakGeluid() {

        System.out.println(naam + " blaft!");

    }

}


// Subklasse Kat die de abstracte methode implementeert

class Kat extends Dier {

    Kat(String naam) {

        super(naam);

    }


    @Override

    void maakGeluid() {

        System.out.println(naam + " miauwt!");

    }

}


// Main klasse om abstractie te demonstreren

public class Main {

    public static void main(String[] args) {

        Dier mijnHond = new Hond("Bobby");
```

```
        Dier mijnKat = new Kat("Whiskers");


        mijnHond.maakGeluid(); // Output: Bobby blaft!

          mijnHond.eet();           // Output: Bobby is aan het
eten.


        mijnKat.maakGeluid();  // Output: Whiskers miauwt!

          mijnKat.eet();            // Output: Whiskers is aan het
eten.

    }

}
```

Uitleg:

De klasse Dier is abstract en bevat een abstracte methode maakGeluid(). Hond en Kat erven van Dier en moeten maakGeluid() implementeren. We kunnen een object van Dier niet rechtstreeks maken, maar we kunnen er subklassen mee beheren.

Abstractie met Interfaces

Een interface is een volledig abstracte klasse waarin alleen abstracte methoden (zonder implementatie) worden gedefinieerd. Klassen die een interface implementeren, moeten alle methoden uit die interface definiëren.

Voorbeeld van een interface:

Java:

```
// Interface met abstracte methoden

interface Dier {

        void maakGeluid();   // Abstracte methode zonder
implementatie
```

```java
    void eet();                    // Abstracte methode zonder
implementatie

}


// Klasse Hond die de interface implementeert

class Hond implements Dier {

    @Override

    public void maakGeluid() {

        System.out.println("De hond blaft!");

    }


    @Override

    public void eet() {

        System.out.println("De hond eet brokken.");

    }

}


// Klasse Kat die de interface implementeert

class Kat implements Dier {

    @Override

    public void maakGeluid() {

        System.out.println("De kat miauwt!");

    }
```

```java
        @Override

        public void eet() {

            System.out.println("De kat eet vis.");

        }

    }


// Main klasse

public class Main {

    public static void main(String[] args) {

        Dier mijnHond = new Hond();

        Dier mijnKat = new Kat();


        mijnHond.maakGeluid(); // Output: De hond blaft!

        mijnHond.eet();        // Output: De hond eet brokken.


        mijnKat.maakGeluid();  // Output: De kat miauwt!

        mijnKat.eet();         // Output: De kat eet vis.

    }

}
```

Uitleg:

Interface Dier bevat alleen methodesignatures zonder implementatie. Hond en Kat implementeren de interface en moeten alle methoden definiëren. Dit zorgt ervoor dat alle klassen die Dier implementeren, een uniforme structuur hebben.

Verschil tussen Abstracte Klassen en Interfaces

Kenmerk	Abstracte Klasse	Interface
Kan attributen hebben?	■ Ja (kan gewone en abstracte methoden hebben)	✖ Nee (alleen constante waarden en methodesignatures)
Kan methoden met implementatie hebben?	■ Ja, kan zowel abstracte als niet-abstracte methoden hebben	■ Ja, maar alleen default en static methoden (sinds Java 8)
Hoe wordt het gebruikt?	extends sleutelwoord	implements sleutelwoord
Meervoudige overerving mogelijk?	✖ Nee (een klasse kan maar één superklasse hebben)	■ Ja (een klasse kan meerdere interfaces implementeren)

Gebruik een abstracte klasse als je sommige methoden al wilt implementeren, maar andere methoden verplicht wilt laten implementeren door subklassen. Gebruik een interface als je een contract wilt definiëren waar meerdere klassen zich aan moeten houden, ongeacht hun positie in de klasse-hiërarchie.

Samenvatting

In dit hoofdstuk hebben we drie belangrijke concepten van OOP geleerd:

- Overerving: Hiermee kun je klassen maken die eigenschappen en acties van andere klassen overnemen.

- Polymorfisme: Hiermee kun je objecten van verschillende klassen op dezelfde manier behandelen.

- Abstractie: Hiermee kun je complexe details verbergen en alleen de belangrijkste dingen laten zien.

Deze concepten maken je code krachtiger, flexibeler en makkelijker te begrijpen. Ze zijn heel belangrijk om te kennen als je een goede Java programmeur wilt worden!

Java Packages

In Java zijn packages een manier om klassen te organiseren en te groeperen. Ze helpen bij het structureren van code en voorkomen naamconflicten tussen klassen met dezelfde naam. Een package is in feite een map (directory) waarin gerelateerde klassen worden opgeslagen, vergelijkbaar met hoe bestanden worden georganiseerd in verschillende mappen op een computer.

Packages bieden verschillende voordelen. Ze maken code beter beheersbaar door gerelateerde klassen bij elkaar te houden, vooral in grote projecten. Daarnaast voorkomen ze naamconflicten, omdat een klasse met dezelfde naam in verschillende packages kan bestaan. Verder verbeteren ze de toegangscontrole, omdat je klassen en methoden kunt beperken tot bepaalde pakketten met behulp van toegangsmodificatoren zoals public, protected, en private.

Hoe Maak je een Package in Java?

Om een package te definiëren, gebruik je het sleutelwoord package bovenaan een Java-bestand. Bijvoorbeeld:

Java:

```
package mijnpakket; // Definieert dat deze klasse in het
package 'mijnpakket' zit

public class MijnKlasse {

    public void toonBericht() {

        System.out.println("Hallo vanuit mijnpakket!");

    }

}
```

Hier wordt de klasse MijnKlasse opgeslagen in het package mijnpakket.

Hoe Importeer je een Package?

Als je een klasse uit een ander package wilt gebruiken, moet je deze importeren met import:

Java:

```
import mijnpakket.MijnKlasse; // Importeert de klasse uit het
package

public class Main {

    public static void main(String[] args) {

        MijnKlasse obj = new MijnKlasse();

        obj.toonBericht();

    }

}
```

Je kunt ook alle klassen uit een package importeren met een sterretje (*):

Java:

```
import mijnpakket.*;
```

Java heeft veel ingebouwde packages, zoals:

- java.util (bijv. ArrayList, HashMap)

- java.io (bijv. File, BufferedReader)

- java.net (bijv. Socket, URL)

Je kunt deze gebruiken zonder zelf packages te maken.

Maven: De slimme hulp voor je Java-projecten

Stel je voor: je bent bezig met een tof Java-project. Je wilt bijvoorbeeld een app maken die data ophaalt van een website. Daarvoor heb je speciale stukjes code nodig, die al door iemand anders zijn geschreven. Die stukjes code noemen we libraries of dependencies.

Het probleem is: hoe krijg je die libraries in je project? En wat als die libraries zelf weer andere libraries nodig hebben? Dat wordt al snel een heleboel gedoe om bij te houden. Gelukkig is er Maven!

Maven is een soort slimme manager voor je projecten. Het helpt je om al die losse eindjes (dependencies) te organiseren. Zie het als een handige assistent die precies weet welke spullen je nodig hebt en die ze netjes voor je klaarlegt.

Wat is een dependency?

Een dependency is dus een externe library die je project nodig heeft om te werken. Het is als een bouwsteen die je toevoegt aan je project. Denk bijvoorbeeld aan een library om makkelijk met bestanden te werken, of een library om mooie grafieken te maken. Maven is open source en gratis te gebruiken.

Maven installeren op Mac of Windows PC

Methode 1: Maven Installeren op macOS

Je kunt Maven op een Mac installeren via **Homebrew** (aanbevolen) of handmatig.

Voor installeren met Homebrew (Snelle Methode) volg de stappen:

Stap 1: Controleer of Homebrew is geïnstalleerd

Open de Terminal en voer uit:

```
brew --version
```

Als Homebrew niet is geïnstalleerd, installeer het met:

```
/bin/bash -c "$(curl -fsSL https://raw.githubusercontent.com/Homebrew/install/HEAD/install.sh)"
```

Controleer daarna opnieuw met:

```
brew --version
```

Stap 2: Installeer Maven

Typ in de terminal:

```
brew install maven
```

Homebrew download en installeert Maven automatisch.

Stap 3: Controleer de installatie

Controleer of Maven correct is geïnstalleerd:

```
mvn -version
```

Je zou een uitvoer zoals deze moeten zien:

```
Apache Maven 3.x.x (Build info)

Maven home: /usr/local/Cellar/maven/...

Java version: 17.0.x, vendor: Homebrew
```

Als je dit ziet, is Maven correct geïnstalleerd! 🎉

Handmatige Installatie op macOS is meer tijdrovend en dat doe je zo:

- Ga naar: https://maven.apache.org/download.cgi
- Download de nieuwste "**Binary tar.gz**" versie.
- Pak het bestand uit in je terminal:

```
tar -xvzf apache-maven-*.tar.gz
```

Stap 2: Verplaats Maven naar /usr/local

```
sudo mv apache-maven-* /usr/local/maven
```

Stap 3: Instellen van de Omgevingsvariabelen

Open je configuratiebestand (zsh of bash):

```
nano ~/.zshrc   # Voor Zsh (standaard in macOS)
```

Of als je Bash gebruikt:

```
nano ~/.bash_profile
```

Voeg deze regels toe:

```
export M2_HOME=/usr/local/maven
```

```
export PATH=$M2_HOME/bin:$PATH
```

Sla het bestand op (CTRL + X, daarna Y en Enter).

Stap 4: Herlaad de configuratie

```
source ~/.zshrc    # Of source ~/.bash_profile als je Bash
gebruikt
```

Stap 5: Controleer de installatie

```
mvn -version
```

Als je de versiegegevens van Maven ziet, is alles goed ingesteld!

Maven Installeren op Windows

Op Windows kun je Maven installeren via **Chocolatey** of handmatig.

Ga naar https://chocolatey.org/install en volg de installatiestappen. Als je Chocolatey hebt geïnstalleerd, voer dan het volgende uit in PowerShell (als Administrator):

```
choco install maven
```

Na de installatie, controleer of Maven werkt:

```
mvn -version
```

Voor handmatige installatie op Windows volg de stappen:

Stap 1: Download Maven

1. Ga naar https://maven.apache.org/download.cgi.

2. Download de nieuwste "Binary zip" versie.

3. Pak het ZIP-bestand uit in een map zoals:
   C:\Program Files\Apache\Maven

Stap 2: Omgevingsvariabelen instellen

1. Open Systeeminstellingen (Zoek op "Omgevingsvariabelen bewerken" in Windows).

2. Klik op Omgevingsvariabelen.

3. Onder Systeemvariabelen, klik op Nieuw en voeg toe:

   - Variabelenaam: M2_HOME

   - Variabelewaarde: C:\Program Files\Apache\Maven

4. Zoek de variabele Path, klik op Bewerken, en voeg toe: C:\Program Files\Apache\Maven\bin

5. Klik op OK en sluit alles.

Stap 3: Controleer de installatie

Open Command Prompt (cmd) of PowerShell en voer uit:

```
mvn -version
```

Als je een versie-uitvoer krijgt, is Maven correct geïnstalleerd!

Hoe werkt Maven?

Maven gebruikt een speciaal bestand, pom.xml (Project Object Model) genoemd, waarin je aangeeft welke dependencies je project nodig heeft. Maven gaat dan zelf op zoek naar die dependencies en download ze voor je. Hieronder volgt een voorbeeld met een willekeurig library.

pom.xml bestand code:

```
<dependencies>

    <dependency>

        <groupId>com.google.code.gson</groupId>

        <artifactId>gson</artifactId>

        <version>2.8.9</version>

    </dependency>

</dependencies>
```

Daarna voert Maven automatisch de installatie en het beheer van deze bibliotheek uit, zonder dat je handmatig .jar-bestanden hoeft te downloaden.

Om Maven te gebruiken, moet je Apache Maven installeren en het commando mvn install uitvoeren om dependencies te laden.

Het handige is dat Maven ook rekening houdt met transitive dependencies. Dat betekent dat als jouw library zelf weer andere libraries nodig heeft, Maven die ook automatisch ophaalt. Zo hoef je nooit meer te zoeken naar alle losse onderdelen die je project nodig heeft.

Met Maven wordt het leven van een Java-programmeur een stuk makkelijker! Je kunt je focussen op het schrijven van je eigen code, in plaats van te verdwalen in een doolhof van libraries.

Samenvatting

Java packages zijn essentieel voor het organiseren van code in grote projecten. Ze zorgen voor betere structuur, herbruikbaarheid en toegangscontrole. Door het juiste gebruik van packages kun je jouw Java-projecten overzichtelijker en efficiënter maken!

Deel 3: Praktijk en Toepassingen

Werken met data

In dit hoofdstuk gaan we het hebben over hoe je in Java met groepen data kunt werken. We bekijken drie handige manieren: Arrays voor het opslaan van een vaste lijst met data van hetzelfde type, Lists (met name ArrayList) voor het werken met dynamische lijsten die kunnen groeien of krimpen, en Maps (met name HashMap) voor het opslaan van data in paren van sleutels en waarden.

Arrays: data in een rijtje

Stel je voor dat je een lijst wilt bijhouden van de namen van je favoriete kleuren. Met een array kun je dit doen. Een array is als een rijtje met vakjes, waarin je in elk vakje een stukje data van hetzelfde type kunt opslaan.

Java:

```
// Een array van strings (tekst) met de namen van kleuren

String[] kleuren = {"rood", "blauw", "groen", "geel"};

// Je kunt de kleuren nu opvragen met hun "index" (positie) in
de array

System.out.println(kleuren[0]); // Output: rood

System.out.println(kleuren[2]); // Output: groen
```

Het is belangrijk om te weten dat arrays een vaste grootte hebben. Als je eenmaal een array hebt gemaakt, kun je er niet zomaar vakjes aan toevoegen of weghalen.

Lists: flexibele data-verzamelingen

Soms weet je niet precies hoeveel data je wilt opslaan. Of misschien wil je data kunnen toevoegen of verwijderen. Dan is een List handiger. Een ArrayList is een type List dat je vaak zult gebruiken.

Java:

```
// Een ArrayList van integers (hele getallen)
```

```
ArrayList<Integer> getallen = new ArrayList<>();

// We voegen wat getallen toe

getallen.add(10);

getallen.add(20);

getallen.add(30);

// We kunnen nu de grootte van de lijst opvragen

System.out.println(getallen.size()); // Output: 3

// En we kunnen getallen opvragen met hun index

System.out.println(getallen.get(1)); // Output: 20

// We kunnen ook getallen verwijderen

getallen.remove(0); // Verwijdert het getal op index 0 (10
dus)

// En de lijst is nu kleiner

System.out.println(getallen.size()); // Output: 2
```

Het handige van een ArrayList is dat hij "dynamisch" is. Je kunt er dus data aan toevoegen en verwijderen zonder dat je van tevoren precies hoeft te weten hoe groot de lijst moet zijn.

Maps: data met een sleutel

Soms wil je data opslaan, waarbij elk stukje data een unieke "sleutel" heeft. Denk aan een woordenboek, waarbij elk woord (de sleutel) een betekenis heeft (de waarde). Daarvoor kun je een HashMap gebruiken.

Java:

```
// Een HashMap met strings als sleutels en integers als
waarden
```

```
HashMap<String, Integer> leeftijden = new HashMap<>();

// We voegen wat namen en leeftijden toe

leeftijden.put("Jan", 30);

leeftijden.put("Piet", 25);

leeftijden.put("Marie", 35);

// We kunnen nu de leeftijd van iemand opvragen met zijn naam
(de sleutel)

System.out.println(leeftijden.get("Piet")); // Output: 25
```

Een HashMap is handig als je snel data wilt kunnen opzoeken op basis van een sleutel.

Samenvatting

In dit hoofdstuk hebben we geleerd over drie manieren om met data in Java te werken:

- Arrays: handig voor het opslaan van een vaste lijst met data van hetzelfde type.

- ArrayLists: handig voor het werken met dynamische lijsten die kunnen groeien of krimpen.

- HashMaps: handig voor het opslaan van data in paren van sleutels en waarden, zodat je data snel kunt opzoeken.

Deze drie datastructuren zijn heel belangrijk in Java en zullen vaak van pas komen bij het schrijven van programma's.

Input en Output

In dit hoofdstuk leer je hoe je data van de gebruiker kunt vragen, resultaten op het scherm kunt weergeven en bestanden kunt lezen en schrijven. Deze vaardigheden zijn essentieel om interactieve programma's te schrijven die met de buitenwereld kunnen communiceren.

Data van de gebruiker vragen

Om data van de gebruiker te vragen, gebruiken we de klasse Scanner. Deze klasse helpt ons om input van de gebruiker (via het toetsenbord) te lezen.

Java:

```java
import java.util.Scanner;

public class InputVoorbeeld {

    public static void main(String[] args) {

        Scanner scanner = new Scanner(System.in); // Maak een Scanner-object

        System.out.println("Wat is je naam?");

        String naam = scanner.nextLine(); // Lees de naam van de gebruiker

        System.out.println("Hallo, " + naam + "!");

        System.out.println("Hoe oud ben je?");

        int leeftijd = scanner.nextInt(); // Lees de leeftijd van de gebruiker

        System.out.println("Je bent " + leeftijd + " jaar oud.");

        scanner.close(); // Sluit de Scanner (belangrijk!)

    }

}
```

In dit voorbeeld maken we eerst een Scanner-object aan dat naar de standaard input (System.in) luistert. Vervolgens vragen we de gebruiker om zijn naam en leeftijd in te voeren. Met scanner.nextLine() lezen we de ingevoerde naam (een tekst) en met scanner.nextInt() lezen we de ingevoerde leeftijd (een getal). Ten slotte sluiten we de Scanner met scanner.close(). Dit is belangrijk om resources vrij te geven.

Resultaten weergeven op het scherm

We hebben al gezien hoe we tekst op het scherm kunnen weergeven met System.out.println(). We kunnen dit gebruiken om resultaten van berekeningen, de inhoud van variabelen en andere informatie aan de gebruiker te tonen.

Java:

```
int getal1 = 10;

int getal2 = 20;

int som = getal1 + getal2;

System.out.println("De som van " + getal1 + " en " + getal2 +
" is " + som + ".");
```

Dit toont de tekst "De som van 10 en 20 is 30." op het scherm.

Bestanden lezen en schrijven

Om bestanden te lezen en te schrijven, gebruiken we klassen als FileReader, BufferedReader, FileWriter en BufferedWriter.

Java:

```
import java.io.*;

import java.nio.file.Files;

import java.nio.file.Path;

import java.nio.file.StandardOpenOption;


public class BestandenVoorbeeld {
```

```java
public static void main(String[] args) {

    Path bestand = Path.of("output.txt");


    // Schrijven naar een bestand met try-with-resources
        try (BufferedWriter bufferedWriter = Files.newBufferedWriter(bestand,
StandardOpenOption.CREATE, StandardOpenOption.TRUNCATE_EXISTING)) {

        bufferedWriter.write("Hallo, wereld!");

        bufferedWriter.newLine(); // Voeg een nieuwe regel toe

        bufferedWriter.write("Dit is een tekst in een bestand.");

    } catch (IOException e) {

            System.err.println("Fout bij het schrijven naar het bestand: " +
e.getMessage());

    }


    // Lezen van een bestand met try-with-resources

    try (BufferedReader bufferedReader = Files.newBufferedReader(bestand)) {

        String lijn;

        while ((lijn = bufferedReader.readLine()) != null) {

            System.out.println(lijn); // Toon elke regel op het scherm

        }

    } catch (IOException e) {

            System.err.println("▲ Fout bij het lezen van het bestand: " +
e.getMessage());

    }

  }

}
```

In dit voorbeeld schrijven we eerst twee regels tekst naar het bestand "output.txt".
Daarna lezen we het bestand regel voor regel en tonen we elke regel op het scherm.

Het is belangrijk om de try-catch blokken te gebruiken om eventuele fouten bij het lezen en schrijven van bestanden op te vangen. Voer de code uit en bekijk jouw map - is er een nieuw .txt bestand toegevoegd?

Samenvatting

In dit hoofdstuk heb je geleerd hoe je data van de gebruiker kunt vragen met de Scanner-klasse, resultaten op het scherm kunt weergeven met System.out.println() en bestanden kunt lezen en schrijven met de juiste klassen. Deze vaardigheden zijn cruciaal voor het ontwikkelen van interactieve en nuttige Java-programma's.

Fouten en uitzonderingen

In Java kunnen fouten optreden tijdens de uitvoering van een programma. Deze fouten kunnen worden onderverdeeld in fouten (errors) en uitzonderingen (exceptions).

Fouten (Errors)

Fouten zijn ernstige problemen die meestal niet door het programma kunnen worden opgelost. Ze ontstaan vaak door problemen met het systeem of de omgeving waarin het programma draait. Enkele voorbeelden:

- OutOfMemoryError: Het programma probeert meer geheugen te gebruiken dan beschikbaar is.

- StackOverflowError: Ontstaat bij oneindige recursie.

- VirtualMachineError: Problemen met de Java Virtual Machine (JVM).

Voorbeeld van een fout:

Java:

```java
public class StackOverflowVoorbeeld {

    public static void eindelozeRecursie() {

            eindelozeRecursie(); // Dit zal uiteindelijk een
StackOverflowError veroorzaken

    }


    public static void main(String[] args) {

        eindelozeRecursie();

    }
}
```

Dit programma zal crashen met een StackOverflowError omdat de methode oneindig zichzelf blijft aanroepen.

Uitzonderingen (Exceptions)

Uitzonderingen zijn fouten die kunnen worden opgevangen en afgehandeld binnen het programma. Ze ontstaan meestal door onjuiste invoer, ongeldige bewerkingen of externe factoren (zoals een bestand dat niet bestaat).

Voorbeelden van veelvoorkomende uitzonderingen:

- ArithmeticException: Bij een ongeldige wiskundige bewerking, zoals delen door nul.

- NullPointerException: Als je probeert een methode aan te roepen op een null-object.

- ArrayIndexOutOfBoundsException: Als je een index buiten de grenzen van een array gebruikt.

- FileNotFoundException: Wanneer een bestand dat je probeert te openen niet bestaat.

Voorbeeld van een uitzondering:

Java:

```java
public class ExceptionVoorbeeld {

    public static void main(String[] args) {

        int getal1 = 10;

        int getal2 = 0;


        // Dit zal een ArithmeticException veroorzaken (delen
door nul)

        int resultaat = getal1 / getal2;

        System.out.println("Resultaat: " + resultaat);
```

```
        }

    }
```

Uitvoer:

Exception in thread "main" java.lang.ArithmeticException: / by zero

Dit programma crasht omdat delen door nul niet is toegestaan.

Try-Catch Blokken: Hoe omgaan met uitzonderingen?

In Java kunnen uitzonderingen worden afgehandeld met een try-catch-blok. Hiermee kan het programma een fout opvangen en een gepaste reactie geven zonder direct te crashen.

Java:

```java
try {

    // Code die mogelijk een uitzondering kan veroorzaken

} catch (ExceptionType e) {

    // Code om de uitzondering af te handelen

}
```

Voorbeeld van Exception Handling:

Hier vangen we een ArithmeticException op (delen door nul).

Java:

```java
public class TryCatchVoorbeeld {

    public static void main(String[] args) {
```

```java
        int getal1 = 10;

        int getal2 = 0;


        try {

                int  resultaat  =  getal1  /  getal2;  //  Dit
veroorzaakt een exception

            System.out.println("Resultaat: " + resultaat);

        } catch (ArithmeticException e) {

                System.out.println("Fout: Kan niet delen door
nul.");

        }


        System.out.println("Programma gaat verder...");

    }

}
```

Uitvoer:

Fout: Kan niet delen door nul.

Programma gaat verder...

Dankzij het try-catch-blok blijft het programma werken en crasht het niet.

Meerdere uitzonderingen afhandelen

Je kunt meerdere catch-blokken gebruiken om verschillende uitzonderingen afzonderlijk af te handelen.

Voorbeeld:

Java:

```java
public class MeerdereExceptions {

    public static void main(String[] args) {

        try {

            int[] nummers = {1, 2, 3};

            System.out.println(nummers[5]);  // ArrayIndexOutOfBoundsException

        } catch (ArrayIndexOutOfBoundsException e) {

            System.out.println("Fout: Array-index buiten bereik.");

        } catch (Exception e) {

            System.out.println("Een onbekende fout is opgetreden.");

        }

    }

}
```

Uitvoer:

Fout: Array-index buiten bereik.

Het finally-blok

Het finally-blok wordt altijd uitgevoerd, ongeacht of er een uitzondering is opgetreden of niet. Dit is handig voor opruimtaken, zoals het sluiten van bestanden of het vrijmaken van bronnen.

Voorbeeld:

Java:

```java
public class FinallyVoorbeeld {

    public static void main(String[] args) {

        try {

            int getal = 10 / 0; // Dit veroorzaakt een uitzondering

        } catch (ArithmeticException e) {

            System.out.println("Fout: Kan niet delen door nul.");

        } finally {

            System.out.println("Dit wordt altijd uitgevoerd.");

        }

    }

}
```

Uitvoer:

Fout: Kan niet delen door nul.

Dit wordt altijd uitgevoerd.

Eigen uitzonderingen maken (Custom Exceptions)

Je kunt in Java ook je eigen uitzonderingen definiëren door een klasse te maken die Exception uitbreidt.

Voorbeeld:

Java:

```
class MijnException extends Exception {

    public MijnException(String bericht) {

        super(bericht);

    }

}

public class CustomExceptionVoorbeeld {

    public static void main(String[] args) {

        try {

            controleerLeeftijd(15);

        } catch (MijnException e) {

            System.out.println("Fout: " + e.getMessage());

        }

    }


    static void controleerLeeftijd(int leeftijd) throws MijnException {

        if (leeftijd < 18) {

            throw new MijnException("Leeftijd moet minimaal 18 zijn.");
```

```
        }

    }

}
```

Uitvoer:

Fout: Leeftijd moet minimaal 18 zijn.

Hier maken we een eigen uitzondering (MijnException), die wordt gegooid als de leeftijd kleiner is dan 18.

Samenvatting

- Fouten (Errors): Ernstige systeemfouten die meestal niet kunnen worden opgevangen (zoals OutOfMemoryError).

- Uitzonderingen (Exceptions): Programmeerfouten of externe factoren die kunnen worden afgehandeld (ArithmeticException, NullPointerException).

- Gebruik try-catch om fouten af te vangen en het programma door te laten draaien.

- Gebruik finally om code uit te voeren die altijd moet worden uitgevoerd (zoals het sluiten van bestanden).

- Je kunt ook eigen uitzonderingen (Custom Exceptions) maken door een klasse te maken die Exception uitbreidt.

Door uitzonderingen correct af te handelen, zorg je ervoor dat je Java-programma robuuster, foutbestendiger en gebruiksvriendelijker wordt!

Werken met Swing GUI

Een Grafische Gebruikersinterface (GUI) maakt het mogelijk om interactieve applicaties te ontwikkelen met knoppen, vensters, invoervelden en andere visuele componenten. In Java kunnen GUI's worden gemaakt met verschillende bibliotheken, waaronder Swing.

Swing is een populaire toolkit voor het maken van grafische gebruikersinterfaces (GUI's) in Java. Het is onderdeel van de Java Foundation Classes (JFC) en biedt een uitgebreide set aan componenten (zoals knoppen, tekstvelden, menu's, etc.) om interactieve applicaties te bouwen.

Geschiedenis

Swing is ontwikkeld door Sun Microsystems en werd geïntroduceerd in Java 1.2. Het was een grote verbetering ten opzichte van de eerdere Abstract Window Toolkit (AWT), die beperkingen had in functionaliteit en platformonafhankelijkheid. Swing is volledig in Java geschreven, waardoor het platform onafhankelijk is en op verschillende besturingssystemen kan worden gebruikt.

Swing biedt een breed scala aan componenten voor het bouwen van complexe interfaces. Omdat Swing in Java is geschreven, werken Swing-applicaties op elk platform met een Java Virtual Machine (JVM). Swing biedt mogelijkheden om het uiterlijk van je applicaties aan te passen. Swing implementeert het Model-View-Controller (MVC) patroon, wat helpt om de code overzichtelijk te houden.

MVC, of Model-View-Controller, is een populair architecturaal patroon in de softwareontwikkeling, vooral bij toepassingen met een gebruikersinterface. Het is een manier om de code van je applicatie op te delen in drie afzonderlijke, maar samenwerkende delen: het Model (de data en logica), de View (de presentatie voor de gebruiker) en de Controller (de tussenpersoon die input verwerkt en de juiste acties aanstuurt). Deze scheiding van concerns maakt de code overzichtelijker, herbruikbaar en makkelijker te onderhouden. Elk deel heeft zijn eigen verantwoordelijkheid, waardoor ontwikkelaars zich kunnen focussen op specifieke aspecten van de applicatie. MVC bevordert ook de samenwerking, omdat verschillende ontwikkelaars aan verschillende delen kunnen werken zonder elkaar te hinderen. Kortom, MVC is een krachtig patroon dat helpt om complexe applicaties te organiseren en te beheren, wat resulteert in een duidelijke structuur en een betere codekwaliteit.

Swing-componenten en hun syntax

Swing is een GUI-toolkit in Java die gebruik maakt van de javax.swing-bibliotheek om grafische gebruikersinterfaces te bouwen. De belangrijkste componenten zijn:

- JFrame: Het hoofdvenster van een applicatie, waarin alle andere componenten geplaatst worden.

- JPanel: Een container die andere UI-elementen groepeert en een lay-out beheert.

- JLabel: Een tekstveld voor het weergeven van statische tekst of afbeeldingen.

- JButton: Een knop waarop gebruikers kunnen klikken om een actie uit te voeren.

- JTextField: Een invoerveld waarin gebruikers tekst kunnen typen.

- JCheckBox en JRadioButton: Selectievakjes en radioknoppen voor keuzemogelijkheden.

- JComboBox: Een dropdown-lijst voor selecteerbare opties.

- JTable: Een tabelcomponent voor het tonen van data in rijen en kolommen.

De meeste Swing-componenten worden toegevoegd aan een JPanel, dat vervolgens in een JFrame wordt geplaatst. Evenementen worden verwerkt met event listeners, zoals ActionListener voor knoppen.

Meer details en documentatie zijn te vinden op de officiële Java-docs: https://docs.oracle.com/en/java/javase/17/docs/api/java.desktop/javax/swing/package-summary.html

Maken van een eenvoudige Java Swing-applicatie in VS Code

Deze handleiding helpt je bij het bouwen van een eenvoudige Java Swing-applicatie in Visual Studio Code (VS Code). De applicatie bevat een venster met een knop die een label bijwerkt wanneer erop wordt geklikt.

Maak een nieuw Java-project:

1. Open VS Code en maak een nieuwe map, bijvoorbeeld SwingApp.

2. Open deze map in VS Code (Bestand > Map openen).

3. Maak binnen deze map een submap aan met de naam src (hier komen de bronbestanden).

4. Maak in de src-map een nieuw bestand aan: Main.java.

Schrijf je eerste Swing-programma

Open src/Main.java in VS Code en voeg de volgende code toe:

Bestand: src/Main.java

Java code:

```java
import javax.swing.*;  // Importeer Swing-componenten

import java.awt.*;      // Importeer AWT voor lay-outbeheer

import java.awt.event.*; // Importeer event handling classes


public class Main {
    public static void main(String[] args) {
        // Zorg ervoor dat de GUI op de juiste thread draait
        SwingUtilities.invokeLater(() -> {
            createAndShowGUI();
        });
```

```java
    }

    private static void createAndShowGUI() {
        // Maak het hoofdvenster aan
        JFrame frame = new JFrame("Mijn Eerste Swing-app");
        frame.setSize(400, 300);
        frame.setDefaultCloseOperation(JFrame.EXIT_ON_CLOSE);


        // Maak een paneel om UI-componenten vast te houden
        JPanel panel = new JPanel();
        panel.setLayout(new FlowLayout()); // Stel de lay-out
in op FlowLayout


        // Maak een label om tekst weer te geven
        JLabel label = new JLabel("Klik op de knop!");


        // Maak een knop aan
        JButton button = new JButton("Klik hier");


        // Voeg een event listener toe aan de knop
        button.addActionListener(new ActionListener() {
            @Override
            public void actionPerformed(ActionEvent e) {
```

```java
        label.setText("Knop aangeklikt!");

      }

    });


    // Voeg componenten toe aan het paneel

    panel.add(label);

    panel.add(button);


    // Voeg het paneel toe aan het frame

    frame.add(panel);


    // Maak het venster zichtbaar

    frame.setVisible(true);

  }

}
```

Compileer en voer het Java-programma uit

Methode 1: Via de 'Run'-knop in VS Code

1. Klik op de **Run**-knop (▶) boven in VS Code.
2. Het Swing-venster zou nu moeten verschijnen.

Methode 2: Via de terminal

- Open de terminal in VS Code (Beeld > Terminal of Ctrl + ~).

- Navigeer naar de src-map: `cd src`

- Compileer het Java-bestand:
  `javac Main.java`

- Voer het programma uit:
  `java Main`

Als alles goed is gegaan, verschijnt er een venster met een knop en een tekstlabel.

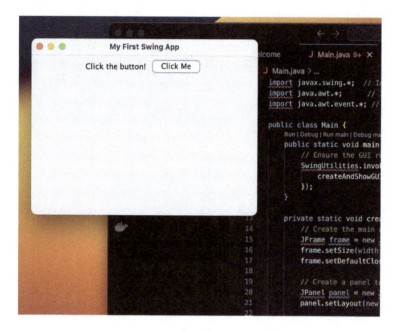

Belangrijke onderdelen uitgelegd

- JFrame → Maakt het hoofdvenster van de applicatie.

- JPanel → Houdt UI-componenten zoals labels en knoppen.

- JLabel → Toont tekst op het scherm.

- JButton → Een klikbare knop.

- ActionListener → Registreert kliks op de knop en verandert de tekst van het label.

- SwingUtilities.invokeLater() → Zorgt ervoor dat de GUI op de juiste thread draait.

Praktijkvoorbeeld: Eenvoudig Klantenbeheerprogramma met Java Swing

Dit voorbeeld laat zien hoe je een eenvoudig klantenbeheerprogramma maakt met Java Swing. Het programma stelt je in staat om klantgegevens in te voeren (naam en e-mail), deze toe te voegen aan een lijst en de lijst weer te geven.

Stap 1: Voorbereiding

Benodigdheden:

- Java Development Kit (JDK 11 of hoger) geïnstalleerd.

- Visual Studio Code (VS Code) met Java-extensies.

- Een nieuwe Java-map (KlantenBeheer) en een submap src waarin je de codebestanden opslaat.

Stap 2: Maak het hoofdvenster (`Main.java`)

Maak een nieuw Java-bestand Main.java in de src-map. Dit bestand beheert het venster en de klantgegevens.

Bestand: src/Main.java

```java
import javax.swing.*;

import java.awt.*;

import java.awt.event.*;

import java.util.ArrayList;


public class Main {
```

```java
private JFrame frame;

private JTextField naamVeld;

private JTextField emailVeld;

private DefaultListModel<String> klantenLijstModel;

private JList<String> klantenLijst;


public Main() {

    // Maak hoofdvenster

    frame = new JFrame("Klantenbeheer");

    frame.setSize(400, 300);

    frame.setDefaultCloseOperation(JFrame.EXIT_ON_CLOSE);

    frame.setLayout(new BorderLayout());


    // Maak invoervelden

    JPanel invoerPanel = new JPanel();

    invoerPanel.setLayout(new GridLayout(3, 2));

    invoerPanel.add(new JLabel("Naam:"));

    naamVeld = new JTextField();

    invoerPanel.add(naamVeld);

    invoerPanel.add(new JLabel("E-mail:"));

    emailVeld = new JTextField();
```

```java
        invoerPanel.add(emailVeld);


        // Knop om klant toe te voegen

        JButton toevoegenKnop = new JButton("Toevoegen");

        invoerPanel.add(toevoegenKnop);


        // Klantenlijst

        klantenLijstModel = new DefaultListModel<>();

        klantenLijst = new JList<>(klantenLijstModel);

        JScrollPane scrollPane = new
JScrollPane(klantenLijst);


        // Event listener voor knop

        toevoegenKnop.addActionListener(new ActionListener() {

            @Override

            public void actionPerformed(ActionEvent e) {

                voegKlantToe();

            }

        });


        // Voeg panelen toe aan het frame
```

```java
        frame.add(invoerPanel, BorderLayout.NORTH);

        frame.add(scrollPane, BorderLayout.CENTER);


        // Toon venster

        frame.setVisible(true);

    }


    private void voegKlantToe() {

        String naam = naamVeld.getText();

        String email = emailVeld.getText();


        if (!naam.isEmpty() && !email.isEmpty()) {

            klantenLijstModel.addElement(naam + " - " +
email);

            naamVeld.setText("");

            emailVeld.setText("");

        } else {

            JOptionPane.showMessageDialog(frame, "Vul alle
velden in.", "Fout", JOptionPane.ERROR_MESSAGE);

        }

    }
```

```
public static void main(String[] args) {

    SwingUtilities.invokeLater(() -> new Main());

}

}
```

Stap 3: Begrijp de code

Dit programma creëert een **eenvoudig klantenbeheer venster** met de volgende functies:

1. Hoofdvenster (JFrame)

- JFrame wordt gebruikt als het hoofdvenster van de applicatie.

- frame.setSize(400, 300); stelt de grootte van het venster in.

- frame.setLayout(new BorderLayout()); bepaalt hoe componenten worden gerangschikt.

2. Invoervelden (JTextField)

- naamVeld en emailVeld zijn tekstvakken waarin de gebruiker een naam en e-mail kan invoeren.

3. Knop om klanten toe te voegen (JButton)

- toevoegenKnop is een knop waarmee klanten worden toegevoegd aan de lijst.

- toevoegenKnop.addActionListener() registreert een klikgebeurtenis.

4. Lijst om klanten weer te geven (JList)

- DefaultListModel<String> houdt de klanten bij.

- JList<String> toont de klantengegevens in een doorzoekbare lijst.

5. Toevoegingslogica

- voegKlantToe() controleert of de velden niet leeg zijn.

- Voegt een klant toe in het formaat: "Naam - Email".

- Geeft een foutmelding als de velden leeg zijn.

Stap 4: Programma compileren en uitvoeren

Optie 1: Uitvoeren met de 'Run'-knop in VS Code

1. Open Main.java in VS Code.

2. Klik op de Run-knop (▶) bovenaan.

Optie 2: Handmatig compileren en uitvoeren in de terminal

1. Open een terminal in VS Code (Beeld > Terminal of Ctrl + ~).

2. Navigeer naar de src-map:
   cd src

3. Compileer de code:
   javac Main.java

4. Voer het programma uit:
   java Main

Stap 5: Testen van het programma

1. Start het programma: er verschijnt een venster met invoervelden en een lijst.

2. Vul een naam en e-mailadres in en klik op de knop "Toevoegen".

3. De klant wordt toegevoegd aan de lijst.

4. Laat een veld leeg en klik op "Toevoegen" → een foutmelding verschijnt.

Uitbreidingen

Wil je het programma verbeteren? **Klanten verwijderen:**

```java
JButton verwijderKnop = new JButton("Verwijderen");

invoerPanel.add(verwijderKnop);

verwijderKnop.addActionListener(e -> {

    int geselecteerd = klantenLijst.getSelectedIndex();

    if (geselecteerd != -1) {

        klantenLijstModel.remove(geselecteerd);

    }

});
```

Samenvatting in het Engels

A comprehensive Java cheatsheet.

Java Cheat Sheet

1. Basic Syntax

```
public class Main {

    public static void main(String[] args) {

        System.out.println("Hello, World!"); // Print statement

    }

}
```

2. Variables & Data Types

```
int x = 10;        // Integer

double y = 5.5;    // Floating-point number

char letter = 'A'; // Single character

boolean flag = true; // Boolean (true/false)

String name = "Java"; // String
```

3. Operators

```
// Arithmetic

int sum = 5 + 3;     // +, -, *, /, %
```

```
// Relational (Comparison)

boolean isEqual = (5 == 3); // ==, !=, >, <, >=, <=
```

```
// Logical
```

```java
boolean result = (true && false); // &&, ||, !


// Bitwise

int bitwiseAnd = 5 & 3; // &, |, ^, ~, <<, >>
```

Control Flow

4. Conditional Statements

```java
if (x > 0) {

    System.out.println("Positive");

} else if (x < 0) {

    System.out.println("Negative");

} else {

    System.out.println("Zero");

}
```

5. Switch Statement

```java
int day = 2;

switch (day) {

    case 1: System.out.println("Monday"); break;

    case 2: System.out.println("Tuesday"); break;

    default: System.out.println("Other day");

}
```

6. Loops

For Loop

```java
for (int i = 0; i < 5; i++) {
    System.out.println(i);
}
```

While Loop

```java
int i = 0;
while (i < 5) {
    System.out.println(i);
    i++;
}
```

Do-While Loop

```java
int i = 0;
do {
    System.out.println(i);
    i++;
} while (i < 5);
```

Methods (Functions)

7. Method Declaration

```java
public static int add(int a, int b) {

    return a + b;

}
```

8. Method Overloading

```java
public static int multiply(int a, int b) {

    return a * b;

}

public static double multiply(double a, double b) {

    return a * b;

}
```

Object-Oriented Programming (OOP)

9. Class & Object

```java
class Car {

    String brand;

    int speed;

    void drive() {

        System.out.println(brand + " is driving at " + speed + " km/h");

    }

}
```

```java
public class Main {

   public static void main(String[] args) {

      Car myCar = new Car();

      myCar.brand = "Toyota";

      myCar.speed = 120;

      myCar.drive();

   }

}
```

10. Constructor

```java
class Car {

   String brand;


   Car(String brand) { // Constructor

      this.brand = brand;

   }

}
```

11. Inheritance

```java
class Vehicle {

   void honk() {

      System.out.println("Beep!");
```

```
    }

}


class Car extends Vehicle {

  void drive() {

    System.out.println("Car is moving");

  }

}
```

12. Polymorphism

```
class Animal {

  void makeSound() {

    System.out.println("Animal makes a sound");

  }

}


class Dog extends Animal {

  void makeSound() {

    System.out.println("Bark");

  }

}
```

13. Abstract Class

```java
abstract class Animal {

    abstract void makeSound();

}


class Dog extends Animal {

    void makeSound() {

        System.out.println("Bark");

    }

}
```

14. Interface

```java
interface Animal {

    void makeSound();

}


class Dog implements Animal {

    public void makeSound() {

        System.out.println("Bark");

    }

}
```

15. Array

```java
int[] numbers = {1, 2, 3, 4, 5};

System.out.println(numbers[0]); // Access first element
```

16. ArrayList

```java
import java.util.ArrayList;

ArrayList<String> list = new ArrayList<>();

list.add("Java");

list.add("Python");

list.remove("Python");
```

17. HashMap

```java
import java.util.HashMap;

HashMap<String, Integer> map = new HashMap<>();

map.put("Alice", 25);

map.put("Bob", 30);

int age = map.get("Alice");
```

File Handling

18. Read File

```java
import java.io.File;

import java.io.FileNotFoundException;
```

```java
import java.util.Scanner;


try {

    File myFile = new File("file.txt");

    Scanner reader = new Scanner(myFile);

    while (reader.hasNextLine()) {

        System.out.println(reader.nextLine());

    }

    reader.close();

} catch (FileNotFoundException e) {

    System.out.println("File not found.");

}
```

19. Write File

```java
import java.io.FileWriter;

import java.io.IOException;


try {

    FileWriter writer = new FileWriter("file.txt");

    writer.write("Hello, Java!");

    writer.close();

} catch (IOException e) {

    System.out.println("An error occurred.");
```

}

Exceptions & Error Handling

20. Try-Catch

```java
try {
    int result = 10 / 0; // This will cause an error
} catch (ArithmeticException e) {
    System.out.println("Cannot divide by zero.");
} finally {
    System.out.println("This always executes.");
}
```

Threads & Concurrency

21. Creating a Thread

```java
class MyThread extends Thread {
    public void run() {
        System.out.println("Thread is running");
    }
}


public class Main {
```

```java
public static void main(String[] args) {

    MyThread t1 = new MyThread();

    t1.start();

  }

}
```

Java 8+ Features

22. Lambda Expression

```java
interface MyInterface {

    void show();

}


public class Main {

    public static void main(String[] args) {

        MyInterface obj = () -> System.out.println("Lambda executed!");

        obj.show();

    }

}
```

23. Streams API

```java
import java.util.Arrays;

import java.util.List;
```

```
List<Integer> numbers = Arrays.asList(1, 2, 3, 4, 5);

numbers.stream().filter(n -> n % 2 == 0).forEach(System.out::println);
```

Useful Java Commands

24. Compile & Run Java

```
javac Main.java  # Compile

java Main      # Run
```

25. Check Java Version

```
java -version
```

Beste lezer,

Gefeliciteerd! Je hebt Java voor Beginners voltooid en daarmee een stevige basis gelegd in programmeren. Je hebt de fundamentele concepten van Java geleerd, van basisstructuren en loops tot objectgeoriënteerd programmeren en bestandsbeheer.

Maar onthoud: leren programmeren is een doorlopend proces. De echte vaardigheid komt door oefenen, experimenteren en nieuwsgierig blijven. Hier zijn een paar manieren om verder te groeien:

Bouw je eigen projecten – Pas je kennis toe door kleine applicaties te maken, zoals een rekenmachine, een takenlijst of zelfs een eenvoudig spel.

Experimenteer en leer van fouten – Probeer nieuwe dingen, pas je code aan en los problemen op. Fouten maken is de snelste manier om te leren.

Verdiep je verder – Ontdek meer over Java's uitgebreide bibliotheken, frameworks zoals Spring en JavaFX, en de nieuwste updates in Java.

Word lid van de community – Praat met andere programmeurs op forums zoals Stack Overflow, GitHub en Reddit. Samen leren is leuker en effectiever!

Je reis in programmeren stopt hier niet—dit is pas het begin! Blijf oefenen, wees nieuwsgierig en vooral: geniet van het proces.

Veel succes en happy coding!

— Auteur